글·그림 헬렌 행콕스

영국에서 태어나 맨체스터 스쿨 오브 아트에서 일러스트레이션과 애니메이션을 공부했습니다. 크레용, 수채 물감, 잉크 등을 디지털 방식으로 혼합하여 작업합니다. 다양한 어린이책을 만들고 있으며 《패션, 나를 표현하는 방법》은 한국에 소개되는 첫 책입니다.

옮김 장혜진

고려대학교를 졸업하고 한겨레 번역가 그룹에서 공부했습니다. 아이들과 함께 읽으면 좋은 책을 찾아 출판 기획하고 번역합니다. 옮긴 책으로는 《나, 여기 있어요!》, 《스스로 학교: 아젤리아의 비밀 과제》, 《10대를 위한 그릿》, 《초콜릿어 할 줄 알아?》가 있습니다.

똑똑한 책꽂이 19

패션, 나를 표현하는 방법

1판 2쇄 발행 2021년 02월 05일 | **1판 1쇄 발행** 2020년 06월 15일
글·그림 헬렌 행콕스 | **옮김** 장혜진
펴낸이 김상일 | **펴낸곳** 도서출판 키다리
편집장 위정은 | **편집** 정명순 | **디자인** 백재희 | **마케팅** 신성종 | **관리** 김영숙
출판등록 2004년 11월 3일 제406-2010-000095호
제조국 대한민국 | **사용연령** 5세 이상
주소 경기도 파주시 심학산로 10 | **전화** 031-955-9860(대표), 031-955-9861(편집) | **팩스** 031-624-1601
이메일 kidaribook@naver.com | **블로그** blog.naver.com/kidaribook
ISBN 979-11-5785-301-4 (77590)

WHY DO WE WEAR CLOTHES?
Original English language edition first published by Penguin Books Ltd, London
Text copyright © Helen Hancocks 2019
Illustrations copyright © Helen Hancocks 2019
The author/illustrator has asserted her moral rights
All rights reserved
Korean translation copyright © 2020 by KIDARI PUBLISHING CO.
Korean translation rights arranged with PENGUIN BOOKS LTD through EYA(Eric Yang Agency).

· 이 책의 한국어판 저작권은 EYA(Eric Yang Agency)를 통한 PENGUIN BOOKS LTD사와의 독점 계약으로 키다리 출판사에 있습니다.
· 저작권법에 의해 한국 내에서 보호를 받는 저작물이므로, 무단전재와 무단복제를 금합니다.
· 잘못된 책은 구매하신 곳에서 교환할 수 있습니다.

패션,
나를
표현하는 방법

헬렌 행콕스 글·그림 | 장혜진 옮김

킨더리

매일 아침 눈을 뜨면 해야 할 일, 만날 사람,
가야 할 곳이 있어요.

그럴 때 어떤 옷을 입어야 할까요?

옷장을 열어 보아요. 오늘은 뭘 입을지 어떻게 정하나요?

좋아하는 셔츠나 점퍼만 내내 입나요? 아니면 교복을 입나요? 특별한 상황에 맞춰서 멋지게 차려입어야 할 때도 있겠죠?

날씨가 어떤지 창밖을 살펴보세요. 따뜻하게 챙겨 입어야 하나요? 시원하게 입어야 하나요? 가장 먼저 눈에 띄는 옷을 걸치나요? 아니면 전날 밤에 미리 골라 놓나요? 남들보다 돋보이고 싶은가요? 생각할 게 너무너무 많아요!

매일매일 입는 옷은 우리가 어떤 사람인지, 무슨 일을 하는지, 어디에서 왔는지, 누구인지, 어마어마하게 많은 정보를 담고 있답니다.

그러면 옷이 알려 주는 다채로운 이야기를 지금 살펴볼까요?

모카신
북아메리카

볼러해트
(중산모자)

영국, 볼리비아와 페루까지!

지역과 문화에 따라 달라요

옛날 사람들은 지역과 문화에 따라 저마다 다른 특색 있는 전통 옷을 입었어요. 하지만 오늘날 전 세계 사람들의 옷차림은 특별히 달라 보이지 않아요. 교통과 통신이 발달하면서 전통과 문화도 세계 곳곳으로 널리 퍼졌기 때문이에요. 이제는 전통 옷을 잘 입지 않아도 오늘날 우리가 입는 옷을 자세히 살펴보면 여전히 우리의 조상, 문화, 종교에 대해 중요한 정보들을 알 수 있어요.

킬트
스코틀랜드

케피예
중동

여러 가지 색깔의 구슬 장식

케냐와 탄자니아 북부 지방의 마사이족

우리가 입는 옷에 영향을 끼치는 것은 문화만이 아니랍니다.
이제 날씨의 영향을 알아볼까요?

날씨에 따라 달라요

옷을 입기 전에는 바깥 날씨가 어떤지 살피는 게 좋아요.
그래야 알맞은 옷을 고를 수 있으니까요.

차가운 바람이 쌩쌩 부는 겨울에는 여러 겹으로 따뜻하게 옷을 입어요.

오늘 날씨에 맞게 옷차림을 했어요!

강아지에게도 코트와 신발이
필요하겠죠?

비 오는 날에는 이렇게!

우산은 4천 년 전쯤 발명되었어요.

비가 주룩주룩 오는 날에는 우산을 쓰면 젖지 않아요.

햇살이 따갑고 후텁지근한 날에는 양산을 써 보세요. 양산이 해를 가려 줘서 산책하기에 좋아요!

'맥' 또는 '매킨토시 레인코트'라고 불리는 비옷이 있어요. 최초로 완벽하게 방수가 되는 원단으로 만들어진 비옷이에요. 1823년 찰스 매킨토시가 개발했답니다.

와! 이 노란색 '갈로시' 좀 보세요. 갈로시는 비 오는 날 신발 위에 덧신는 장화예요. 1960년대에 메리 퀀트가 만들었답니다.

참방, 첨벙, 철썩!

비옷을 입고 우산을 들어 보세요. 정말 멋져 보이네요! 노래가 절로 나오지 않나요?

사람들은 각자 하는 일에 따라 적절한 옷을 갖춰 입어요.
옷을 보고 무슨 일을 하는 사람인지 맞혀 보세요.

어떤 사람들은 직장이나 학교에 갈 때 넥타이를 매야 해요. 여러분도 그런가요? 그런데 그거 알아요? 넥타이를 매는 방법은

85가지가

넘는대요.
그렇다고 어떤 방법으로 맬지
너무 고민하지는 마세요!

유럽에서는 로마 시대 이후로 여러 종류의 넥타이를 맸어요. 그중 '크라바트'는 남자들이 목에 매는 사각형 천을 말해요. 17세기에 크로아티아 군인들은 칼라 위에 천을 둘렀는데 그걸 본 프랑스 사람들이 따라 매기 시작했어요. 그 뒤 유럽 곳곳으로 퍼져 나가 다양한 형태로 변화하다가 현재와 같은 패션으로 자리 잡았답니다.

스카프 **크라바트** **보타이**

번거롭게 목에 뭘 두르긴 싫지만 화려하게 꾸미고 싶다고요? 그러면 칼라가 레이스로 된 옷은 어때요?

레이스 칼라

우아! 정말 화려해요!

➡ 멋진 칼라에 대해 더 알고 싶다면 43쪽을 보세요.

편하게 입어요

예전에는 수영복을 모직으로 만들었어요. 다이빙대에 선 남자가 입은 것처럼요. 모직으로 만든 수영복은 물에 젖으면 잘 마르지 않고 금방 무거워져요. 기술이 발전하면서 점점 더 얇고, 가볍고, 바람이 잘 통하도록 여름옷들을 만들고 있답니다.

우리가 편하게 입는 옷들은 운동할 때 입으려고 만든 것들이 많아요.
오늘날 많은 사람들은 평소에도 운동복을 즐겨 입어요.
입고 다니기에 아주 편하고 간단하니까요.

혹시 알고 있나요? 영국에서 열리는 윔블던 테니스 대회에서는 머리부터 발끝까지 모두 하얀색으로만 입어야 한답니다. 속옷까지도요!

속옷 얘기가 나와서 하는 말인데요, 제일 안쪽에는 반드시 알맞은 속옷을 챙겨 입어야 해요. 겉으로 안 보인다고 속옷을 잊어버리면 안 돼요. 속옷은 매우 중요한 역할을 한답니다. 우리 몸을 따뜻하게 감싸고, 나머지 옷들이 더러워지지 않게 해요. 우리 몸을 받쳐 주기도 하지요.

속옷은 종류가 다양해요. 브래지어, 브리프, 팬티, 판탈롱, 양말, 러닝셔츠, 보온 내의, 롱 존스, 코르셋, 크리놀린처럼요. 여러분은 어떤 속옷을 가장 좋아하나요? 혹시 팬티를 안 입는 걸 좋아하나요?

패션으로 사람들에게 어마어마하게 큰 인상을 남기고 싶다면,
옷 안에 어마어마한 속옷을 입어야 할지 몰라요.

19세기 중반에서 말까지 많은 여성들은 드레스 속에
'크리놀린'을 입었어요. 더러운 바닥에
드레스가 닿지 않게 하고, 몸의 형태를
잡아 주며, 옷감의 무게를 떠받치기
위해서였죠. 그런데 시간이
지날수록 크리놀린은 점점
과장되게 변했어요.
결국 입고 다니기에
무거울 정도가
되었답니다!

이걸 입음 내 엉덩이도 어마어마하게 커 보일까요?

➡ 크리놀린의 효과를 알고 싶다면, 38쪽의 만투아 드레스를 보세요.

밖으로 나가려면 신발을 신어야 해요.

그럼, 신발을 골라 볼까요?

이 신발을 신고 탭댄스를 추면 우울함이 날아가 버리겠죠?

그런데 아무리 패션이 훌륭해도 내 모습을 볼 수 없다면 무슨 소용일까요?

안경은 이탈리아에서 처음 만들어졌다고 해요.
수도사나 학자 들이 책을 읽고 글을 쓸 때 안경을 썼어요.

오늘날에는 무척 다양한 안경이 있어요.
선글라스, 보안경, 비행 고글, 오페라글라스, 단안경 같은 것들이 있지요.

안경은 멀리 있는 걸 잘 보려면 오목 렌즈로 만들고, 가까이 있는 걸 잘 보려면 볼록 렌즈로 만들어요. 이중 초점 안경은 두 렌즈를 다 이용해서 만들어요. 그래서 안경을 바꿔 끼지 않아도 멀리 있는 것과 가까이 있는 것을 모두 잘 볼 수 있어요. 이 안경은 미국을 세우는 데에 큰 역할을 한 벤저민 프랭클린이 발명했지요.

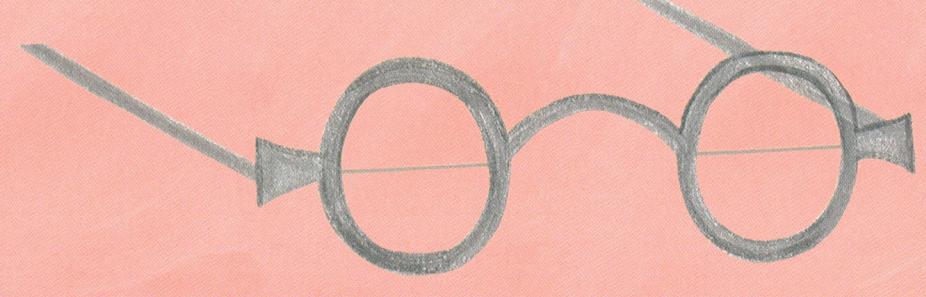

안경을 쓰면 한결 잘 보여요. 이제 또렷하게 볼 수 있어요.

가방도 패션이 될 수 있다고?

가방은 필요한 물건을 들고 다닐 때 편리할 뿐 아니라 패션의 일부예요. 옷을 다 입고 가방을 골라 보세요. 어떤 가방을 드느냐에 따라 분위기가 확 달라질 수 있어요.

커다란 가방도 있고, 자그마한 가방도 있어요.

강아지를 넣어 다니는 가방도 있고,

갓 나온 빵을 담는 가방도 있지요.

어디든 들고
다닐 수 있는 가방,

춤추러 갈 때 드는 가방,

모자를 보관하는 가방,

동전이나 열쇠처럼 조그만
물건을 넣는 가방도 있고,
필요한 물건을 전부 다 넣을
수 있는 커다란 가방도
있답니다.

여러분의 가방에는 무엇이 들어 있나요?

손수건은 코 풀 때만 쓰는 게 아니랍니다. 바닷가에서는 모자가 되고, 상처가 나면 붕대가 되고, 멀리 있는 사람들의 눈길을 끄는 데에도 쓸 수 있어요. 손수건을 흔들어 경주의 시작을 알리거나 남몰래 짝사랑하는 사람에게 은밀한 메시지를 전할 수도 있답니다.

한때 프랑스 궁정에서는 왕의 것보다 큰 손수건은 사용하지 못하게 했대요!

이런 손수건들은 코 푸는 데 쓰기에는 너무 예뻐요!

평범함 옷차림에 개성을 더하고 싶다면, 부채를 들어 보세요. 물론 더위를 식힐 수도 있어요.

어떤 부채가 가장 마음에 드나요?

앞에서 살펴본 것처럼 옷은 그 옷을 입은 사람에 대해 많은 것을 알려 줘요. 출신 지역이 어디인지, 무슨 일을 하는지 말이에요. 그런데 어떤 사람들은 자신의 신념과 의견을 다른 사람들에게 알리기 위해 특별히 준비한 옷을 입기도 해요. 정치 단체의 회원이나 시위대는 패션을 통해 자신의 생각을 세상에 알리기도 한답니다.

때로는 눈에 띄지 않게 옷이나 장신구에 비밀 메시지를 숨겨서 슬쩍 전하기도 해요.

독창적인 유행시킨 사람들 패션을

사람들은 어떤 사람을 기억할 때,
그 사람만의 개성 있는 머리 모양이나
옷, 장식품으로 기억하기도 해요.
바로 이들처럼요. 이들의 스타일은
전 세계 사람들에게 영향을 끼쳤어요.
사람들이 자신만의 패션을 선택하는
데에 용기를 주었답니다.

데이비드 보위
찰리 채플린
비욘세
아이리스 아펠
프린스
코코 샤넬
프리다 칼로
오드리 헵번

엠씨 해머

메릴린 먼로

도로시의 루비 구두

그레이스 존스

구사마 야요이

트위기

프레디 머큐리

재키 케네디

비틀스

여러분도 멋진 패션을 창조해 보세요. 이 자리의 주인공이 될지도 몰라요!

자신의 권력을 과시하려면 거대하고 눈길을 끄는 옷을 입는 것도 좋은 방법이에요. '만투아 드레스'처럼요. 만투아 드레스는 예전에 프랑스와 영국의 왕실 여성들이 입었어요. 몹시 눈에 띄는 것만은 분명하죠? 그런데 좁은 문을 지나다닐 때는 조금 힘들었을 것 같아요.

이 만투아 드레스 자수 장식에 쓰인 실을 모두 모으면 4.5킬로그램이 넘어요. 평범한 고양이 한 마리 정도의 무게죠.

여자들만 옷으로 힘을 자랑한 것은 아니었어요. 과거 프랑스 왕 루이 14세는 옷이 정말 많았어요. 화려한 패션으로 자신의 권력을 과시하고 왕이라는 신분을 드러냈어요.

➡ 책장을 넘겨 보세요! 루이 14세가 패션을 어떻게 이용했는지 알 수 있어요.

예전에는 신발을 보면 신분을 알 수 있었다고 해요. 프랑스 왕 루이 14세는 자신이 좋아하는 사람에게만 굽이 빨간 신발을 허락했어요. 그래서 굽이 빨간 신발을 신은 사람은 신분이 높고 왕의 사랑을 받는다는 걸 모두 알 수 있었지요.

코트 슈즈

'코트슈즈'를 신은 사람들은 신발이 깨끗한지 늘 신경 썼어요.
굽의 빨간색이 잘 안 보이면 신발을 닦아야 하니까요!

초핀

깨끗함과 관련된 이야기를 더 해 볼게요. '초핀'이라는 이 신발은 이탈리아의 베네치아에서 만들어졌어요. 길을 걸을 때 첨벙대는 구정물이 발에 닿지 않게 하려고 신었지요. 시간이 흐르면서 초핀의 굽은 점점 더 높아졌어요. 나중에는 하인들이 도와주지 않으면 혼자서 걸어 다니지 못할 정도가 되었답니다.

이런 신발을 신고 걸으려면 누군가의 도움이 필요할 거예요.

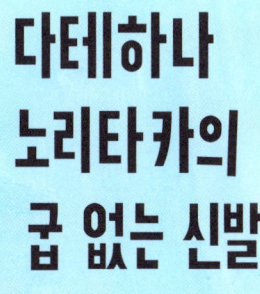

다테하나 노리타카의 굽 없는 신발

일본의 굽 높은 나막신에서 영감을 얻어 만들었어요.

비비언 웨스트우드 하이힐

와, 굽이 엄청나게 높아요. 어떤 슈퍼 모델은 패션쇼장에서 이 신발을 신고 걷다가 넘어지기도 했답니다.

패션을 앞세우는 일이 꼭 좋은 건 아니네요!

인상적인 모자를 쓰면 남들 앞에서 당당해 보일 수 있어요. 왕들이 웅장한 왕관을 쓰는 것도 바로 이런 이유 때문이지요. 반드시 왕이나 여왕만 모자로 자신을 드러내는 건 아니에요. 보통 사람들도 머리에 쓴 것을 보면 그 사람이 어떤 사람인지 짐작할 수 있어요.

미트라(주교관)

가톨릭과 영국 성공회의 주교와 대주교가 쓰는 모자예요.

실크해트

미국 16대 대통령 에이브러햄 링컨은 기다란 실크해트 속에 연설문을 넣어 두었다고 해요. 참 유용한 모자죠? 실크해트를 쓴 링컨 대통령은 키가 2미터 10센티미터에 달했답니다.

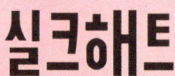

사무라이 투구

일본의 사무라이들은 전쟁터에서 적군을 겁주기 위해 무시무시한 투구를 썼어요.

이각모

프랑스 황제 나폴레옹 보나파르트는 키가 커 보이려고 이각모를 썼어요.

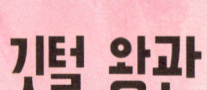

깃털 왕관

파푸아 뉴기니에서는 이국적인 새의 깃털에 식물을 섞어 왕관을 만들었어요.

모자로만 신분을 드러냈던 건 아니에요. 튜더 왕조 시기 영국에서는 '러프'가 크게 유행했어요. 러프는 물결 모양으로 주름을 잔뜩 잡아 동그랗게 만든 주름 칼라예요. 끝에 레이스를 달기도 했어요. 러프는 패션 아이템이기도 했지만, 거대한 러프는 높은 신분을 드러내는 기능도 했답니다.

더 크고 더 우스꽝스러울수록 더 신분이 높았어요!

영국의 엘리자베스 1세 여왕은 폭이 무려 30센티미터나 되는 러프를 입었어요! 한번 보면 잊히지 않았겠지만 식사할 때는 좀 곤란하지 않았을까요?

공연할 때 입어요

얼른 자리에 앉으세요! 무대의 막이 올라요! 모든 것이 준비가 되었어요. 무대 의상도요.

팬터마임 주인공, 셰익스피어 연극의 배우, 무용수, 록 스타, 오페라 가수처럼 분야는 다 다르더라도, 공연하는 사람이라면 누구나 무대에서 돋보이고 재능을 한껏 뽐낼 수 있는 옷을 입을 거예요.

공연을 관람하러 왔나요?
그렇다면 휴대폰을 끄고, 모자도 벗어 주세요!

무대에 선 사람들만 오늘 밤을 위해 차려입은 건 아니에요. 공연장에 온 여러분도 잔뜩 멋을 부리고 싶었을 거예요. 어쩌면 화려한 재킷을 입었을지도 모르고 어쩌면 우아한 모자를 썼을 수도 있겠죠. 그렇다면 꼭 기억하세요. 공연이 시작하기 전에는 모자를 벗어야 해요. 그래야 모두가 무대를 잘 볼 수 있으니까요!

공연을 보러 갈 때 '오페라해트'를 쓰는 건 어떨까요? 오페라해트는 실크해트와 같은 모양이지만 납작하게 접을 수 있어요. 프랑스 발명가 앙투안 지뷔스가 처음 생각해 냈지요. 납작하게 접히니까 공연 볼 때 의자 밑에 보관하기 편리하겠죠?

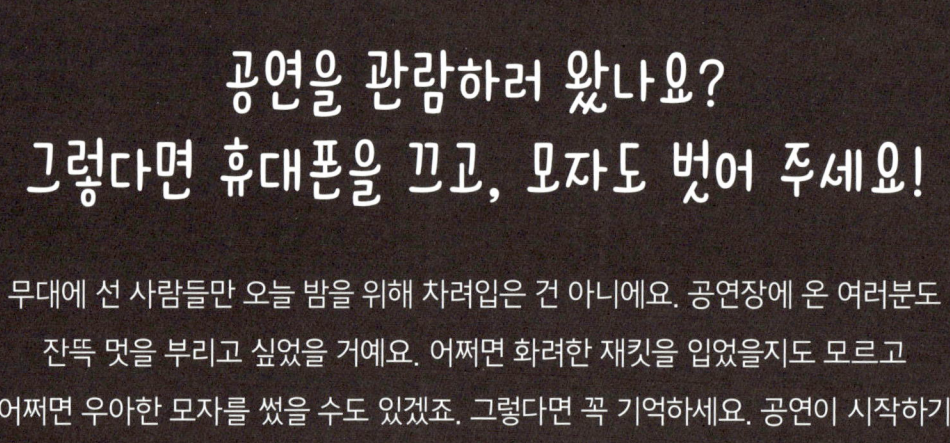

브라보!

이 신발 좀 보세요. 오늘 밤 내내 무대 위를 뛰어다녔어요!

'토슈즈'는 전 세계 무용수들이 신는 신발이에요. 그런데 그거 알아요? 토슈즈는 평균 2시간에서 12시간 정도밖에 못 버텨요. 그래서 공연을 한 번 하고 나면 다 닳아 버리는 경우도 있어요.

매년 토슈즈를 6,000켤레씩이나 쓰는 발레단도 있답니다!

우아, 정말 열심히 춤을 추었나 봐요!

우리는 보통 추위나 더위를 막거나 우리 몸을 보호하기 위해 옷을 입어요. 하지만 가끔은 사람들을 깜짝 놀라게 하고 싶을 때도 있지요. 패션과 예술은 공통점이 많아요. 패션 디자이너와 예술가는 늘 독특한 시도를 하고 틀을 깨는 작품을 만들려고 노력하니까요.

디자이너 알렉산더 매퀸은 1999년 패션쇼가 끝날 무렵, 로봇들이 드레스에 페인트를 뿌리는 퍼포먼스를 선보였어요. 이전에는 누구도 하지 않았던 독특한 시도였지요. 사람들은 이 쇼를 통해 옷도 예술품이 될 수 있다는 걸 알게 되었어요. 이렇게 입을 수 있는 예술품을 '웨어러블 아트'라고 해요.

세상에, 이것 좀 보세요! 이것은 탁자일까요, 드레스일까요? 후세인 샬라얀은 2000년에 열린 패션쇼에서 가구가 옷으로 변하는 패션을 선보였어요.

어떤 그림을 보고 너무 예뻐서 옷으로 만들어 입고 싶다는 생각이 든 적 있나요?
디자이너 이브 생로랑은 화가 피터르 몬드리안의 그림에서 영감을 얻어 이 드레스를 만들었답니다.

사람들에게 강렬한 인상을 남기고 싶어 하는
디자이너들은 음식에서 영감을 얻기도 해요.
음식으로 만든 옷이 먹고 싶어지면 어떡하죠?

푸딩처럼 피부가 보드라운
아기에게는 푸딩 모자가
어울릴 것 같아요.

보기에도 좋고 건강에도 좋은 과일 바구니를 머리에 써 보세요.
배우 카르멘 미란다처럼요. 아니면 샐러드 모자는 어때요?

엘사 스키아파렐리는 초현실주의 화가 살바도르 달리와 함께 유명한 바닷가재 드레스를 만들었어요. 달리는 드레스에 진짜 마요네즈를 바르고 싶어 했어요. 윽!

케이크를 한번 입어 볼래요?

이 요리사 모자의 이름은 '토크 블랑쉬'예요. 이 모자에는 주름이 100개나 있는데 이것은 달걀 조리법 개수를 상징한대요! 대단하죠? 여러분이 알고 있는 달걀 조리법은 몇 개인가요? 저는 기껏해야 5개밖에 떠오르지 않아요.

이렇게 우리가 입는 옷은 모든 것에서 아이디어를 얻을 수 있어요. 그런데 그거 알아요? 디자이너들은 옷감 역시 무척 신중하게 골라요. 옷의 목적에 따라 옷감이 달라지기 때문이에요. 에베레스트산을 오를 때 입는 옷하고 동네 마트에 우유 사러 갈 때 입는 옷의 옷감은 다를 수밖에 없어요.

아주 옛날 사람들은 식물과 같이 주변에서 쉽게 구할 수 있는 재료로 옷을 만들었어요. 오늘날에는 기술이 발전하면서 다양한 종류의 옷감이 등장했답니다.

여러분이라면 이런 옷을 입을 수 있겠나요?

이 햄피스는 1960년대에 등장한 일회용 옷이에요. 종이로 만들었지요.

이 드레스는 나무로 만들었어요. 입으면 좀 무거울 것 같아요.

여러분의 옷장을 다양한 옷과 소품으로 채워 보세요!

지금까지 전 세계를 돌아다니며 멋지게 차려입는 옷부터 편하게 입는 옷까지
다양한 옷들을 살펴보고, 어떤 옷을 왜 입는지, 어떻게 입는지 알아봤어요.
이제 옷장을 열고 옷을 꺼낼 시간이에요!

오늘의 패션을 결정했나요?

여러분은 왜

꽁꽁 얼어붙을 정도로 추우니까요! 덜덜덜덜!

다이빙하려고요.

보기에도 좋고 입었을 때도 편한 옷을 원해요.

"패션은 구속이 아니라 현실 도피의 형태여야 한다."
— 알렉산더 매퀸

당당하게 보이고 싶어요!

공연을 하려고 차려입어요.

그늘 속에서 시원하게 있으려고요.

옷을 입나요?

몸에 더러운 게 묻지 않게 하려고요!

잘 모르겠어요. 그런데 지금 몇 시죠?

"패션이란 일상이라는 현실에서 살아남기 위한 갑옷이다."
— 빌 커닝햄

쉿! 눈에 띄면 안 돼요!

따르릉 따르릉 따르릉 따르릉

나의 의견을 널리 알리려고요!

무늬가 정말 마음에 들어서요!

여보세요? 물론 직장에서 세련되게 보이고 싶어서죠.

그냥 이 모자가 좋아요.

이런 생각을 안 해도 되니 얼마나 다행이냐옹.

책에 나오는 단어 살펴보기

패션 용품 :

갈로시 신발 위에 덧씌우는 고무 재질의 장화. 비가 오는 날 신으면 신발이 젖거나 더러워지는 것을 막아 준다.

고 부탄의 전통 남성 의복. 무릎까지 내려오는 로브로 허리에 천으로 된 끈을 묶는다.

과 중국 북동부 지방 사람들이 입는 짧은 재킷으로 옆으로 여민다.

기모노 소매가 길고 폭이 넓은 일본 전통 로브. 축제나 공식 행사에서 입는다.

넥타이 목에 둘러 앞에 매듭을 만드는 길고 좁은 천. 주로 교복이나 정장 차림의 일부로 입는다.

도로시의 루비 구두 고전 영화 〈오즈의 마법사〉(1939)에서 도로시 역을 맡은 주디 갈런드가 신은 빨간색 신발.

롱 존스 아랫도리에 입는 발목까지 내려오는 내복. 보통 추운 날씨에 옷 속에 입는다.

매킨토시 레인코트 두 장의 천 사이에 고무와 다른 혼합물을 마주 대고 압력을 가해 만든 방수 원단으로 만든 코트 모양의 비옷.

모카신 아메리카 원주민이 신던 부드러운 가죽신.

보온 내의 몸을 따뜻하게 할 목적으로 특별히 연구하여 만든 속옷.

보타이 펼쳐진 나비의 날개 모양으로 가로로 짧게 매는 넥타이.

볼러해트(중산모자) 윗부분이 둥근 펠트로 만든 모자. 영국, 북아메리카 서부, 남아메리카에서 다양한 시기에 걸쳐 유행했다.

브리프 몸에 꼭 끼거나 가랑이가 짧은 팬티.

사리 남아시아 여성들이 입는 민속 의상. 가벼운 옷감의 한쪽 끝을 머리나 어깨에 걸쳐서 치마처럼 입는다.

스카프 여성들이 목을 따뜻하게 하거나 꾸미기 위해 사용하는 얇은 천. 목에 감거나 머리에 쓰기도 하고, 옷깃 언저리에 살짝 내놓거나 허리에 매기도 한다.

실크해트 높고 둥글며 딱딱한 원통 모양의 남성용 모자. 윤기 있는 비단이 원통 밑부분에 둘러져 있다.

이각모 챙을 앞뒤 또는 양옆으로 접어 올린 모자. 나폴레옹이 즐겨 썼다.

케피예 중동 지역 전통 복식으로 머리에 쓰는 사각형 면 스카프를 이른다.

코르셋 몸을 꼭 조이는 여성 속옷으로 가슴 아래에서 엉덩이까지 이어진다. 몸매를 잡아 주고 허리를 조이기 위해 입는다.

코트 슈즈 예전에 남성이 궁정에서 신었던 신발. 지금은 끈이나 고리가 없고 발등이 깊이 파여 있는 여성용 구두를 말한다.

콜트 스칸디나비아반도 북부와 러시아 지방의 사미족이 입는 전통 의상. 선명하고 강렬한 대비를 이루는 색상과 높이 올라간 칼라가 특징이다.

쿠아프해트 프랑스 브르타뉴 지방 여성들이 쓰는 전통 모자. 탑처럼 높이 솟은 모양으로 빳빳한 레이스로 만든다.

크라바트 목에 두르는 넓고 평평한 천. 17세기 프랑스에서 처음 유행했다.

크리놀린 여성의 드레스나 치마를 떠받치기 위해 만든 풍성하고 단단한 속치마. 쇠로 새장처럼 만들기도 했다.

킬트 무릎까지 닿는 체크무늬 치마. 스코틀랜드 하일랜드 지방의 게일족 남자들이 입는 전통 의상이다.

판탈롱 18세기에서 19세기까지 여성들이 입었던 바지 모양 속옷.

인물 :

구사마 야요이 현대 미술가. 현재 살아 있는 가장 중요한 일본 예술가 중 한 명으로 인정받는다. (1929~)

그레이스 존스 자메이카계 미국인 가수이자 작곡가이며 슈퍼 모델, 음반 프로듀서, 모델로도 활동했다. 실험적인 패션으로 유명하다. (1948~)

데이비드 보위 영국 출신 싱어송라이터로 세계적으로 유명한 음악을 선보였으며, 특유의 패션 스타일과 연출로 유명하다. (1947~2016)

루이 14세 프랑스 왕으로 다섯 살이던 1643년부터 1715년에 사망할 때까지 왕위에 있었다. 호화로운 취향과 사치스러운 스타일로 잘 알려져 있다. (1638~1715)

메리 퀀트 영국 출신 디자이너이자 패션 아이콘. 1960년대에 미니스커트를 세계적으로 유행시켰다. (1934~)

메릴린 먼로 미국의 배우이자 모델 겸 가수로 그의 독특한 패션은 현재까지 대중문화에 영향을 미치고 있다. (1926~1962)

비욘세 미국 출신 가수로 R&B 걸 그룹 '데스티니스 차일드(Destiny's Child)'의 멤버로 활동하며 명성을 얻었다. 현재 전 세계적으로 음반을 가장 많이 판매하고 수상 또한 많이 한 음악인 중 한 명이다. (1981~)

비틀스 영국 록 밴드로 1960년 영국 리버풀에서 결성됐다. 역사상 가장 영향력 있는 밴드로 평가받는다. (주요 활동 시기 1960~1970)

빌 커닝햄 미국의 패션 사진작가. 뉴욕 거리의 패션을 기록한 사진들로 유명하다. (1929~2016)

살바도르 달리 스페인의 초현실주의 예술가. 충격적이고 기이한 작품으로 잘 알려져 있다. (1904~1989)

아이리스 아펠 미국의 사업가이자 인테리어 디자이너. 독특한 액세서리와 패션을 선보인 살아 있는 패션 아이콘이다. (1921~)

알렉산더 매퀸 영국 출신 디자이너. 자신의 이름을 건 패션 브랜드를 만들었고 극적이고 경계를 허무는 디자인으로 유명해졌다. (1969~2010)

엘리자베스 1세 1558년부터 1603년까지 영국 잉글랜드 왕국과 아일랜드 왕국을 다스린 여왕. 엘리자베스 1세의 통치 기간을 '엘리자베스 시대'라고 한다. (1533~1603)

엘사 스키아파렐리 이탈리아 출신 패션 디자이너로 초현실주의 예술가 살바도르 달리에게서 영향을 받았다. (1890~1973)

엠씨 해머 미국 출신 힙합 뮤지션. 화려한 춤 동작과 허벅지 품이 넓은 배기 바지 패션으로 유명하다. (1962~)

오드리 헵번 할리우드 황금시대에 활동한 영국 배우이자 패션 아이콘. 그가 영화에서 선보인 스타일은 전 세계적으로 유행했다. (1929~1993)

이브 생로랑 자기 이름을 내건 패션 브랜드로 유명한 프랑스 디자이너. 여성용 턱시도 정장을 만들었으며 20세기 가장 중요한 패션 디자이너 중 한 명으로 꼽힌다. (1936~2008)

장 콕토 프랑스 출신 시인이자 작가, 화가, 영화감독. 코코 샤넬 등과 가까이 지내며 다방면으로 재능을 선보였다. (1889~1963)

재키 케네디 미국 전 대통령 존 F. 케네디의 부인으로 1961년에서 1963년까지 퍼스트레이디였다. '재키룩'이라 불리는 독보적인 패션으로 주목받았다. (1929~1994)

찰리 채플린 영국의 희극 배우이자 영화감독 겸 작곡가. 무성 영화 시대에 명성을 얻었으며 영화사에서 가장 중요한 인물 가운데 한 명으로 꼽힌다. (1889~1977)

찰스 매킨토시 방수 옷감을 만든 스코틀랜드 발명가. 매킨토시 레인코트는 그의 이름을 따서 지었다. (1766~1843)

카르멘 미란다 브라질의 삼바 가수이자 댄서, 영화배우. 신선한 과일을 산처럼 쌓아서 만든 모자를 쓴 것으로 유명하다. (1909~1955)

코코 샤넬 프랑스 패션 디자이너이자 사업가로 전 세계적으로 알려진 샤넬 브랜드를 설립했다. (1883~1971)

트위기 영국 모델이자 배우 겸 가수. 특유의 커다란 눈과 긴 속눈썹, 짧은 머리 모양으로 유명하다. (1949~)

프레디 머큐리 영국의 가수이자 작사가, 작곡가 겸 음반 프로듀서. 록 밴드 퀸의 리드 싱어이며 폭발적인 무대 매너로 잘 알려져 있다. (1946~1991)

프리다 칼로 멕시코 출신 화가. 칼로의 작품은 멕시코 전통문화를 바탕으로 정체성, 성, 계급, 인종 등의 주제를 탐구했다. (1907~1954)

프린스 미국 출신 가수로 전 세계적으로 1억 장 이상의 음반을 판매했으며 화려한 패션으로 유명하다. (1958~2016)

피터르 몬드리안 네덜란드 출신 화가. 추상 미술 발전에 선구적인 역할을 했다. (1872~1944)

후세인 샬라얀 터키 출신 패션 디자이너로 자신이 만드는 옷에 기술, 과학, 건축을 융합하는 것으로 알려져 있다. (1970~)

책 속에 나오는 빅토리아·앨버트 박물관 소장품

이 책에 실린 많은 그림들은 대부분 빅토리아·앨버트 박물관의 소장품에서 영감을 받아 그린 거예요. 영국의 빅토리아·앨버트 박물관은 전 세계에서 가장 많은 수의 드레스를 소장하고 있어요. 주요 전시품으로는 17세기 희귀 가운, 18세기 만투아 드레스, 1930년대 이브닝드레스, 1960년대 평상복과 고급 옷 등이 있답니다. 빅토리아·앨버트 박물관 소장품들을 살펴보고 싶다면, 박물관 홈페이지를 방문해 소장품 번호 또는 영문 이름으로 검색해 보세요. www.vam.ac.uk
소장품 목록은 그림을 보고 쉽게 찾을 수 있도록 왼쪽에서 오른쪽, 위에서 아래순으로 정리했어요.

표지(앞면)

주황색 조끼 Waistcoat, 작자 미상, 영국, 1770~1779년
소장품 번호: CIRC.516-1928

노란색 여름 드레스 Summer dress & jacket, 호록스 패션, 영국, 1955년
소장품 번호: T.11:1 to 3-1997

노란색 기모노 Kimono, 작자 미상, 일본, 1930~1940년
소장품 번호: FE.32-2014

스트로해트(밀짚모자) Hat, 크리스티스, 영국, 1990년대 중반
소장품 번호: T.46:5-1997

알루미늄으로 만든 네모난 핸드백 Handbag, 작자 미상, 프랑스, 1925년경
소장품 번호: T.238-1982

타조 깃털이 달린 하얀 모자 Hat designed by Oliver Messel, 올리버 메셀, 영국, 1939년
소장품 번호: S.569-2006

주황색 종이 원피스 Paper dress, 다이앤 메이어슨 & 조앤 실버스테인, 영국, 1967년
소장품 번호: T.181-1986

분홍색 줄무늬 장갑 Pair of gloves, 엘사 스키아파렐리, 프랑스, 1937년
소장품 번호: T.410&A-1974

초록색 스타킹 Pair of stockings, 작자 미상, 스페인, 18세기 중반
소장품 번호: T.156-1971

자수가 놓인 분홍색 튜닉 Tunic, 작자 미상, 파키스탄, 19세기
소장품 번호: T.251-1923

하늘색 댄스 드레스 Dance dress, 작자 미상, 프랑스, 1925년경
소장품 번호: CIRC.14-1969

초록색 조끼 Sleeveless jacket, 작자 미상, 중국, 1880~1910년
소장품 번호: CIRC.33-1936

파란색 무대 의상 Theatre costume, 작자 미상, 19세기
소장품 번호: S.279-1977

표지(뒷면)

파란색 수영복 Bathing costume, 잔첸, 영국, 1950~1959년
소장품 번호: T.113-1999

분홍색 이브닝 재킷 Evening jacket, 엘사 스키아파렐리, 영국, 1937년
소장품 번호: T.63-1967

자수가 놓인 벙어리장갑 Mitten, 작자 미상, 스웨덴, 19세기
소장품 번호: 363&A-1882

노란색과 검정색으로 된 털모자 Hat, 작자 미상, 영국, 1930년대
소장품 번호: B.13-2016

2~3쪽

옷장 Wardrobe, 힐 앰브로즈 경, 영국, 1932년
소장품 번호: W.31:1, 2-1981

병풍 '풍경 속에서 목욕하는 사람들' Bathers in a Landscape, 버네사 벨 그림, 오메가 워크숍 제작, 영국, 1913년
소장품 번호: CIRC.165-1964

보그 프랑스판 Vogue Paris, 콩데 나스트 출판사, 프랑스, 1964년
소장품 번호: 38041800931438

금자수가 놓인 검정색 핸드백 Handbag, 래인, 영국, 1989~1990년
소장품 번호: T.1208-2017

전화 '에리코폰 700' Ericofon 700, 에릭슨사, 영국, 1976~1980년
소장품 번호: W.10-2003

앵글포이즈 전기스탠드 Anglepoise lamp 1227, 조지 카워딘 디자인, 허버트 테리 앤드 선스 제작, 영국, 1938년
소장품 번호: M.23-2013

실내화 Pair of slippers, 아넬로 앤드 데이비드, 영국, 1970년경
소장품 번호: T.572:1, 2-1995

카펫 Carpet, 헬렌 야들리, 영국, 1989년
소장품 번호: T.87-1989

6~7쪽

모카신 Pair of moccasins, 작자 미상, 캐나다, 1850~1900년
소장품 번호: 1172-1903

보름달 그림 사리 Moon sari, 술만 카트리, 아지즈 카트리 그림, 노블랙 노화이트 디자인, 인도, 2012년
소장품 번호: IS.3:1, 2-2015

기모노 Kimono, 작자 미상, 일본, 1920~1950년
소장품 번호: FE.145-2002

과 Jacket, 작자 미상, 중국, 1900~1911년
소장품 번호: T.5-1911

8~9쪽

빨간색 스키복 Ski suit ensemble, 버버리, 영국, 1929년경
소장품 번호: T.308&A to F-1978

파란색 체크무늬 코트 Coat, 크리스챤 디올, 프랑스, 1980년경
소장품 번호: T.98-2012

황토색 스키복 Ski outfit, 작자 미상, 영국, 1922년경
소장품 번호: T.241&A-1989

흰색 파라슈트 드레스 The Parachute Collection, 엘사 스키아파렐리, 프랑스, 1936년
소장품 번호: T.42:1 to 3-2010

빨간색 재킷 Jacket, 라제시 프라타프 싱, 인도, 2009년
소장품 번호: IS.25-2012

분홍색 모자 Hat, 킬핀, 영국, 1925년경
소장품 번호: T.442-1977

10~11쪽

빨간색 우산 Original Storm, 센츠, 네덜란드, 2004~2005년
소장품 번호: T.2:1, 2-2015

하얀색 양산 Parasol, 미하일 퍼킨, 러시아, 19세기
소장품 번호: T.39&A-1958

초록색 양산 *Parasol*, 작자 미상, 영국, 1820년경
소장품 번호: T.232-1914

매킨토시 레인코드 *Mackintosh*, 위베르 드 지방시, 프랑스,
1960년대
소장품 번호: T.119&A-1982

노란색 갈로시 *Pair of ankle boots*, 메리 퀀트, 영국, 1967년
소장품 번호: T.59:1, 2-1992

14쪽
분홍색 넥타이 *Victor Intarsia Knitwear*,
빅터 스튜어트 그레이엄, 영국, 1980년대
소장품 번호: T.201-1993

그 외 넥타이들 *Tie*, 작자 미상, 영국, 1970년대
소장품 번호: T.181-1978

15쪽
나뭇잎 무늬 칼라 *Collar*, 휴 베일리 스콧,
플로렌스 베일리 스콧, 영국, 1903년
소장품 번호: T.126-1953

흰색 레이스 칼라 *Kerchief*, 작자 미상, 벨기에,
1730~1750년
소장품 번호: T.263-1922

16~17쪽
초록색 실내복 *Pyjama suit*, 작자 미상, 영국, 1930년경
소장품 번호: T.176-1967

노란색 비키니 *Bathing suit*, 피네건스, 영국, 1937~1939년
소장품 번호: T.294&a-1971

검정색 수영복 *Bathing costume*, 머리디언, 영국, 1925년경
소장품 번호: T.307-1992

파란색 실크 실내복 *pyjama*, 작자 미상, 중국, 1920년대
소장품 번호: FE.3:1 to 3-2013

스모킹 슈트 *Smoking suit*, 작자 미상, 영국, 1906년경
소장품 번호: T.720&A-1974

하얀색 린넨 테니스 드레스 *Tennis dress*, 영국, 1910년경
소장품 번호: T.196-1966

18쪽
주황색 무늬가 있는 하얀색 울 양말 *Pair of socks*,
작자 미상, 터키, 1960년대
소장품 번호: T.94&A-1990

초록색 스타킹 *Pair of stockings*, 작자 미상, 스페인,
18세기 중반
소장품 번호: T.156-1971

파란색과 흰색으로 된 양말 *Pair of socks*, 작자 미상,
중국, 1880~1900년경
소장품 번호: FE.401:1, 2-2007

주황색 스타킹 *Pair of stockings*, 작자 미상,
영국 혹은 프랑스, 1750~1770년경
소장품 번호: T.34&A-1969

20~21쪽
하얀색 슈퍼스타 운동화 *Superstar*, 아디다스, 영국,
1994년
소장품 번호: T.980:1, 2-1994

파란색 굽 높은 샌들 *Pair of evening sandals*, 비바,
이탈리아, 1972년
소장품 번호: T.17&A-1983

모카신 *Pair of moccasins*, 작자 미상, 미국, 19세기
소장품 번호: T.30&A-1954

카우보이 부츠 *Pair of cowboy boots*, 작자 미상, 미국,
1940년대
소장품 번호: T.600:1, 2-1993

갈색 버켄스탁 샌들 *Pair of sandals*, 버켄스탁, 독일,
1994년
소장품 번호: T.726:1, 2-1994

노란색 실크 플랫 슈즈 *Pair of shoes*, 작자 미상, 영국,
1830~1835년
소장품 번호: T.178&A-1962

파란색 부츠 *Pair of boots*, 작자 미상, 영국, 1860년대경
소장품 번호: CIRC.904&A-1923

무릎까지 오는 갈색 가죽 부츠 *Pair of boots*, 안톤 차페크,
오스트리아, 1895~1915년
소장품 번호: T.322&A-1970

갈색 브로그 구두 *Pair of shoes*, 존 매커피, 영국,
1925~1935년경
소장품 번호: T.170&A-1984

토슈즈 *Ballet shoe*, 프레더릭 프리드, 20세기 중반
소장품 번호: S.796-1981

빨간색 폼폼 플랫 슈즈 *Pair of shoes*, 작자 미상, 터키,
19세기
소장품 번호: T.181&A-1912

보라색 슬리퍼 *Pair of slippers*, 작자 미상, 핀란드,
1970년대
소장품 번호: T.21&A-1981

나비 날개 모양이 달린 하얀색 구두 *Pair of shoes*,
첼시 코블러, 영국, 1971년
소장품 번호: T.106&A-1974

빨간색 부츠 *Pair of boots*, 작자 미상, 영국 혹은 프랑스,
1865~1875년
소장품 번호: T.180&A-1984

알록달록한 뱀 가죽 구두 *Pair of shoes*, 테리 드 하빌랜드,
영국, 1972년
소장품 번호: T.78&A-1983

금붕어가 수놓인 굽 높은 신발 *Pair of shoes*, 작자 미상,
중국, 19세기
소장품 번호: FE.78:1, 2-2002

앞코가 말려 올라간 신발 *Shoe*, 작자 미상, 인도,
1800~1900년경
소장품 번호: 6749(IS)

22~23쪽
신발 모양 모자 *Shoe Hat*, 엘사 스키아파렐리, 프랑스,
1937~1938년
소장품 번호: T.2-2009

장미, 딸기, 포도가 수놓인 나이트캡 *Nightcap*, 작자 미상,
영국, 1600~1624년
소장품 번호: T.258-1926

돔 모양 노란색 모자 *Hat*, 작자 미상, 인도, 1865년경
소장품 번호: 0337(IS)

회색 버펄로 모자 *Buffalo*, 맬컴 맥라렌,
비비언 웨스트우드, 영국, 1982년
소장품 번호: T.223:4-1991

자수가 놓인 주황색 스컬캡 *Hat*, 작자 미상, 인도,
20세기 초반
소장품 번호: IM.28-1912

뜨개 모자 *Hat*, 작자 미상, 인도, 19세기 중반
소장품 번호: 05785(IS)

용무늬가 새겨진 투구 *Helmet*, 작자 미상, 1550~1650년
소장품 번호: 118-1878

노란색과 검정색으로 된 털모자 *Hat*, 작자 미상, 영국,
1930년대
소장품 번호: B.13-2016

검정색 고깔 모양 모자 *Quoit turban*, 작자 미상, 파키스탄,
19세기 중반
소장품 번호: 3462:1 to 8(IS)

스모킹캡 *Smoking cap*, 작자 미상, 영국, 1870년경
소장품 번호: T.198-1968

24~25쪽
거북 등딱지 무늬 테 선글라스 *Ruanda*,
올리버 골드스미스, 영국, 1964년
소장품 번호: T.244K-1990

좁고 길게 구멍이 난 하얀색 선글라스 *Slits*,
올리버 골드스미스, 영국, 1968년
소장품 번호: T.244B-1990

빨간색 안경 *spectacles*, 데이비드 왓킨스, 웬디 램쇼,
영국, 1966~1967년
소장품 번호: M.27-2015

금색 줄이 달린 선글라스 Sunglasses, 스티븐 로스홀츠, 영국, 1989년
소장품 번호: T.70-2013

갈색 테 안경 Spectacle case and spectacles, 작자 미상, 프랑스 추정
소장품 번호: W.5 to B-1970

삼각형 선글라스 Sunglasses, 미클리, 프랑스, 1980년대 초반
소장품 번호: S.531-1989

26~27쪽

날개 달린 부츠 Winged boots, 짐 오코너, 미스터 프리덤, 영국, 1970년
소장품 번호: T.709&A-1974

알루미늄으로 만든 네모난 핸드백 Handbag, 작자 미상, 프랑스, 1925년경
소장품 번호: T.238-1982

검정색과 금색이 섞인 핸드백 Handbag, 작자 미상, 프랑스, 1924년경
소장품 번호: T.236&A-1972

빵을 보관하는 반자라 가방 Banjara bag, 작자 미상, 인도, 20세기
소장품 번호: IS.168-1984

책가방 Satchel, 작자 미상, 영국, 1930~1939년
소장품 번호: MISC.81-1990

집 모양 핸드백 The House, 룰루 기니스, 영국, 1998년
소장품 번호: T.418:1 to 3-1998

자수가 놓인 크림색 재봉 도구 주머니 Workbag, 작자 미상, 영국, 1701~1702년
소장품 번호: T.166-1984

빨간 옻칠을 한 갓집 Gatjip, 작자 미상, 한국, 1880~1910년
소장품 번호: FE.1852:2-1993

초록색 비즈 이브닝백 Green beaded bag, 작자 미상, 프랑스, 1920년대
소장품 번호: T.189-1997

노란색 지갑 Purse, 작자 미상, 중국, 19~20세기
소장품 번호: FE.10-1979

28쪽

양귀비꽃 무늬 셔츠 Poppy, 오시 클라크, 실리아 버트웰, 영국, 1968~1970년
소장품 번호: T.192-1997

파란색 무늬가 있는 하얀색 손수건 Handkerchief, 리버티, 영국, 1930년대
소장품 번호: T.514-1974

29쪽

위 줄 왼쪽 손수건 Handkerchief, 캐럴라인 찰스, 영국, 1990~1991년
소장품 번호: T.8-1991

위 줄 오른쪽 손수건 Handkerchief, 작자 미상, 파키스탄, 1867년
소장품 번호: 4934(IS)

아래 줄 왼쪽 손수건 Handkerchief, 작자 미상, 1960~1969년
소장품 번호: MISC.184:1-1988

아래 줄 오른쪽 손수건 Handkerchief, 리버티, 영국, 1935~1939년
소장품 번호: T.293-1976

30쪽

금색 무늬가 있는 빨간색 장갑 Pair of gloves, 작자 미상, 스페인, 16세기
소장품 번호: 437&A-1892

노란색 장갑 Conrad, 프레디 로빈스, 영국, 1997~1999년
소장품 번호: T.619:1&2-1999

물방울무늬 장갑 Gloves, 베르나르트 빌헬름, 독일, 2000년
소장품 번호: T.82:1,2-2000

황토색 가죽 장갑 Pair of gloves, 작자 미상, 영국, 1930~1959년
소장품 번호: T.258&A-1979

빨강, 노랑, 초록이 섞인 검정색 장갑 Pair of gloves, 작자 미상, 프랑스, 1960년대 말
소장품 번호: T.916:2-2000

황토색 양가죽 장갑 Pair of gloves, 작자 미상, 유럽, 1960~1995년
소장품 번호: T.277:1, 2-1996

꽃 그림이 있는 빨간색 장갑 Pair of gloves, 레슬리 슬라이트, 영국, 1979년
소장품 번호: T.266&A-1983

손가락이 검정색인 크림색 장갑 Peter, 프레디 로빈스, 영국, 1997~1999년
소장품 번호: T.620:1&2-1999

분홍색 장갑 The Circus Collection, 엘사 스키아파렐리, 프랑스, 1938년
소장품 번호: T.393B&C-1974

진갈색 가죽 장갑 Pair of gloves, A. 비드, 프랑스, 1910년대
소장품 번호: T.79&A-1960

회색 털장갑 Pair of gloves, 미치코 고시노, 영국, 1993~1994년
소장품 번호: T.395:1, 2-1993

무늬가 있는 크림색 장갑 Pair of gloves, 찰스 리케츠 디자인, 메리 모리스 제작, 영국, 1899년경
소장품 번호: T.71&A-1939

연갈색 가죽 장갑 Swing Time, 버나드 뉴먼, 미국, 1936년
소장품 번호: S.1699:1 to 2-2015

31쪽

동그란 하얀색 부채 Fan, 작자 미상, 인도, 19세기
소장품 번호: 9797(IS)

검정색 깃털 부채 Fan, 작자 미상, 홍콩, 20세기
소장품 번호: FE.219-1995

금색 무늬가 있는 검정색 부채 Fan, 작자 미상, 1800~1825년
소장품 번호: W.5-1944

그림이 그려진 부채 Fan, 덩컨 그랜트 그림, 오메가 워크숍 제작, 영국, 1913년
소장품 번호: CIRC.260-1964

금색 무늬가 있는 초록색 부채 Fan, 작자 미상, 이탈리아, 1620년대
소장품 번호: T.184-1982

34~35쪽

보라색 드레스 Dress, 매스콧, 영국, 1911~1912년
소장품 번호: CIRC.643-1964

여성 참정권 운동 기념 실크 스카프 Scarf, 작자 미상, 영국, 1910년경
소장품 번호: T.20-1946

38~39쪽

만투아 드레스 Mantua, 마담 르콩트 자수, 마를레네 자일스 제작, 영국, 1740~1745년
소장품 번호: T.227&A&B-1970

궁정 복장 Formal ensemble, 작자 미상, 프랑스, 1790~1800년
소장품 번호: T.148 to B-1924

41쪽

다테하나 노리타카의 굽 없는 신발 Pair of shoes, 다테하나 노리타카, 일본
소장품 번호: FE.34:1, 2-2015

비비언 웨스트우드 하이힐 Pair of platform shoes, 비비언 웨스트우드, 영국, 1993년
소장품 번호: T.225:1, 2-1993

42쪽

미트라(주교관) Mitre and mitre box, 오거스터스 푸진, 영국, 1848년경
소장품 번호: T.300&A-1989

사무라이 투구 Helmet, 요시히데, 일본, 1700~1800년
소장품 번호: FE.11-2009

44~45쪽

가부키 배우 옷(그림)
The Kabuki Actor Ichikawa Omezo I in the drama Shibaraku, 도요쿠니 우타가와 1세, 일본, 1810년경
소장품 번호: E.4829-1886

노란색 튀튀 *Tutu*, 오스버트 랭커스터 경, 1970년경
소장품 번호: S.1598-1982

46쪽

보라색 모자 *Hat*, 울랜드 브로스, 영국, 1910년
소장품 번호: T.106-1960

하얀색 깃털 모자 *Hat*, 울랜드 브로스, 영국, 1908~1910년
소장품 번호: CIRC.650-1964

49쪽

몬드리안 그림 드레스 *The Mondrian Collection*, 이브 생로랑, 프랑스, 1965년
소장품 번호: T.369-1974

50~51쪽

데임 에드나 아침 식사 드레스 *Dame Edna's Breakfast Dress*, 스티븐 애드니트 디자인, 도미닉 머리, 마틸드 샌드버그, 샐리 윌리스 제작, 메가스타 프로덕션, 영국, 1997년
소장품 번호: S.3400-2015

누에콩잎 샐러드 모자 *Broad bean salad hat*, 데어드레 호킨, 영국, 2010년
소장품 번호: T.1-2011

파란색 체크무늬 드레스 *Dress*, 위베르 드 지방시, 프랑스, 1960년대
소장품 번호: T.118-1982

케이크 모양 웨딩드레스(디자인)
Anthony Holland costume design, 앤서니 홀랜드, 영국, 1979년
소장품 번호: S.546-2000

수프 캔이 인쇄된 드레스(메트로폴리탄 미술관 소장품)
The Souper Dress, 미국, 1966~1967년
소장품 번호: 1995.178.3

52~53쪽

빨간색과 검정색으로 된 작은 무늬가 있는 천 *Travelogue*, 루시엔느 데이, 영국, 1953년
소장품 번호: CIRC.387-1953

빨간색, 검정색, 보라색으로 된 부채꼴 무늬 벽지
Compendium, 로즈메리 뉴섬, 영국, 1968년
소장품 번호: E.5090-1968

오렌지 무늬 천 *Citrus*, 마이야 이솔라, 핀란드, 1956년
소장품 번호: CIRC.659-1956

종이 원피스 *Paper dress*, 다이앤 메이어슨, 조앤 실버스테인, 디스포, 영국, 1967년
소장품 번호: T.176-1986

주황색, 흰색, 분홍색으로 된 삼각형 무늬 천 *Sunrise*, 루시엔느 데이, 영국, 1969년
소장품 번호: CIRC.39-1969

나무 드레스(메트로폴리탄 미술관 소장품)
Dress, 요지 야마모토, 일본, 1991~1992년
소장품 번호: 2010.396a, b

초록색 무늬가 있는 검정색 벽지 *Basuto*, 에드워드 휴스, 영국, 1955년
소장품 번호: E.1399-1979

알록달록 무늬 천 *Havana*, 수전 콜리어, 세라 캠벨, 콜리어 캠벨, 스위스/영국, 1983년
소장품 번호: T.185-1984

연어 껍질 코트 *Coat*, 작자 미상, 러시아, 1900년경
소장품 번호: 626-1905

꽃받침 무늬 청록색 천 *'Calyx'*, 루시엔느 데이, 영국, 1951년
소장품 번호: T.329:3-1999

54~55쪽

분홍색 부채 *Fan*, 작자 미상, 중국, 1950~1988년
소장품 번호: FE.209-1995

분홍색 줄무늬 장갑 *Pair of gloves*, 엘사 스키아파렐리, 프랑스, 1937년
소장품 번호: T.410&A-1974

빨간색 신발 *Pair of shoes*, 유틸리티, 영국, 1940년대
소장품 번호: T.21A-1979

분홍색 이브닝 재킷 *Evening jacket*, 엘사 스키아파렐리, 영국, 1937년
소장품 번호: T.63-1967

데이지 무늬가 있는 주황색 치파오 *Qipao*, 작자 미상, 홍콩/샌프란시스코, 1960~1970년
소장품 번호: FE.53-1997

청록색 비키니 *Child's swimsuit*, 쿠퍼스, 영국, 1983년
소장품 번호: MISC.445:1-1984

파란색 부츠 *Pair of boots*, 작자 미상, 영국, 1851년
소장품 번호: T.268&A-1963

파란색 테두리가 있는 실크 스카프 *Bugatti*, 존 와이엇, 리버티, 1979~1980년
소장품 번호: T.74-1985

빨간색 무늬가 있는 파란색, 흰색이 섞인 바지 *Man's suit*, 비비안 웨스트우드, 영국, 1980년대
소장품 번호: T.254:1, 2-1991

무늬가 있는 파란색 재킷 *Trousers*, 작자 미상, 중국, 1880~1920경
소장품 번호: T.124A-1961

초록색 민소매 *Top and skirt*, 프라다, 이탈리아, 2007년
소장품 번호: T.122:1,2-2016

황토색 줄무늬 재킷 *Man's suit*, 미스터 피시, 영국, 1968년
소장품 번호: T.310&A-1979

은색 부츠 *Pair of boots*, 작자 미상, 영국, 1970~1974년
소장품 번호: T.61:1, 2-1994

날개 무늬가 있는 검정색 신발 *Shoe*, 콕스톤 슈, 영국, 1925년경
소장품 번호: T.59-1996

하얀색 웨딩 슈즈 *Pair of wedding boots*, 작자 미상, 영국, 1865년
소장품 번호: T.43B&C-1947

하얀색 바지 *Trousers*, 작자 미상, 영국, 1810~1820년
소장품 번호: T.41-1986

꽃무늬 크림색 웨딩 코트 *Rajputana*, 리처드 콜리, 앤드류 위틀, 영국, 1970년
소장품 번호: T.26-2006

흰색과 검정색으로 된 브로그 구두 *Pair of shoes*, 작자 미상, 영국, 1920~1940년
소장품 번호: T.20&A-1983

굽이 금색인 보라색 구두 *Golden Ball*, 조니 모크, 영국, 1990년
소장품 번호: T.213&A-1990

금색 새넌그로브 갑옷 목 가리개 *The Shannongrove Gorget*, 작자 미상, 아일랜드, 기원전 800~700년
소장품 번호: M.35-1948

58~59쪽

수영복 *Bathing costume*, 바이킹, 영국, 1925~1929년
소장품 번호: T.93-1994

하얀색 르 발 무대 의상 *Le Bal*, 조르조 데 키리코, 1929년경
소장품 번호: S.851-1980

작업복 *Boiler suit*, 짐 오코너, 미스터 프리덤, 영국, 1970년
소장품 번호: T.217-1974